ORFF-SCHULWERK

Gunild Keetman

Spielbuch für Xylophon
Im pentatonischen Raum

Band II

für zwei Spieler

ED 5577

ISMN 979-0-001-06238-1

Band I
ED 5576
Band III
ED 5578

www.schott-music.com

Mainz · London · Berlin · Madrid · New York · Paris · Prague · Tokyo · Toronto
© 1966 SCHOTT MUSIC GmbH & Co. KG, Mainz · © renewed 1994 · Printed in Germany

EINFÜHRUNG

Die Ausweitung des pentatonischen Spielraums über die — durch das mitteleuropäische Kinderlied angeregte — Ruf- und Leiermelodik hinaus will neben Übungsmaterial zur Stabspieltechnik auch Anregungen zum Improvisieren und Erfinden ähnlicher Stücke vermitteln und zeigen, daß unter dem Begriff „Pentatonik" (in der Musikwissenschaft für alle möglichen Fünftonsysteme, leider in sehr unterschiedlicher Bedeutung verwendet) nicht nur kindertümliche Melodik, sondern ein melodisch wie klanglich in vielfältiger Form verwertbares Feld elementarer Tonalität und Modalität zu verstehen ist.

Die diatonische, halbtonfreie Pentatonik ergibt fünf Skalenformen (Modi)), je nach der Wahl des Haupt- und Zieltones („Finalis") bzw. der Lage der Ganzton- und Kleinterzintervalle im gewählten Oktavrahmen. Zur Kennzeichnung und Charakterisierung der Modi eignen sich die relativen Solmisationssilben, wie sie heute in der Musikpädagogik Verwendung finden und für die Durskala lauten: do, re, mi, fa, so, la, ti. In der halbtonfreien Pentatonik kommen also die Silben fa und ti, welche die Töne 1 und 4 der Durskala bezeichnen, nicht vor. Die Silbe für den jeweiligen Haupt- und Zielton repräsentiert dann den Modus:

do re mi so la (do)   re mi so la do (re)   mi so la do re (mi)   so la do re mi (so)   la do re mi so (la)

Diese fünf Modi lassen sich, ohne daß in der Notation Vorzeichen nötig werden, in die Räume do=f (also unter Weglassung der Töne e und h) und do=g (ohne c und f) transponieren.
Pentatonische Skalen mit Halbtonintervallen lassen sich bilden, indem andere Tonpaare als 1 und 4 der Durskala, also z. B. 2 und 5 (re und so), 3 und 6 (mi und la) oder 1 und 5 (do und so) ausgespart werden. Eine Transposition dieser Modi aus dem Raum der C-Diatonik hinaus würde allerdings in der Notation Vorzeichen benötigen.

Selbstverständlich lassen sich auch aus solchen Skalentypen je fünf Modi ableiten (Grundform + vier Abwandlungen). Im vorliegenden Spielbuch konnten natürlich nicht alle modalen Möglichkeiten aller Typen ausgeschöpft werden; auch hier möge die schon erwähnte Anregung zum schöpferischen Umgang mit pentatonischem Material in der Auffindung weiterer Modi und Abwandlungsformen im Schüler wie im Lehrer wirksam werden!

Pentatonik der letztgenannten Art (mit Halbtonintervallen) kommt vor allem in außereuropäischen Musikkulturen und Tonsystemen vor. Ihre Eigenart wird vorwiegend durch die (infolge übersprungener Zwischenglieder diatonischer Bezüge) stärker hervortretende und verselbständigte Spannung der Übermäßigen Quarte („Tritonus") und ihrer Umkehrung, der Verminderten Quint, bestimmt.

Neben Sopran-, Alt- und Baßxylophon (auf letzterem können auch alle für Altxylophon gesetzten Stücke gespielt werden) wird in dem 3. Teil dieses Spielbuches (erstmalig im Schulwerk) das den Umfang von Sopran- und Altxylophon vereinigende „Große Xylophon" verwendet, das sich besonders gut auch für vierhändiges Spiel eignet.

Die Modi, welche den Stücken zugrunde liegen, werden in der gezeigten Art (weißer Notenkopf für den Hauptton, schwarze Notenköpfe für die übrigen Töne) unter Beschränkung auf die fünf Skalentöne (ohne Oktavton und Kennzeichnung des Umfangs der Tonhöhenbewegung, der sich ja leicht und schnell durch Feststellung des höchsten und tiefsten Tones im Stück bestimmen läßt) gekennzeichnet. Dies möge das Erhören und Erkennen der tonalen Struktur der grundlegenden Materialordnung für die Stücke und für eigene Improvisationsübungen erleichtern und fördern.

Ein Wort noch zu den Übungen „Zum Stabspiel zu singen" bzw. „Begleitung zum Singen": gemeint ist natürlich das eigene Singen des Spielenden; diese Vokalisen sind als leises Vor-sich-hin-Singen oder -Summen gedacht. Wenn der notierte Tonhöhenumfang da und dort den Normalbereich einer Chorstimmgattung überschreitet, so ist an jene zwanglose Stimmgebung zu denken, bei der verschiedene Register (Brumm-, Brust-, Kopf-, Fistelstimme usw.) ohne die für den Kunstgesang verbindlichen Ausgleichbestrebungen nacheinander und wechselweise verwendet werden können. Selbstverständlich sollen auch diese Stücke zum Improvisieren von Varianten oder neuen Vokalisen zur eigenen Stabspielbegleitung anregen.

Wilhelm Keller

do = c (ohne f und h)

do re mi so la

Gunild Keetman

Andante con moto

Alt
Xyl.

1

Alt
Xyl.

6

do re mi so la

Sopran Xyl.

2

Alt Xyl.

do re mi so la

Allegro

Sopr. Xyl.

3

Alt Xyl.

do re mi so la

Leggiero

Sopr.
Xyl.

4

Alt
Xyl.

8

mi so la do re

Andante

Alt
Xyl.

7

Alt
Xyl.

10

la do re mi so

Cantando

Sopr.
Xyl.

8

Alt
Xyl.

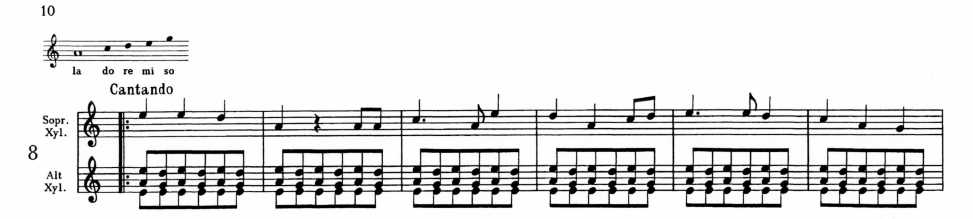

mi so la do re

Presto

9

Sopr. Xyl.

Alt Xyl.

la do re mi so

13

la do re mi so

Allegro

Sopr.
Xyl.

14

Alt
Xyl.

16

la do re mi so

Allegro

15

Sopr. Xyl.

Alt Xyl.

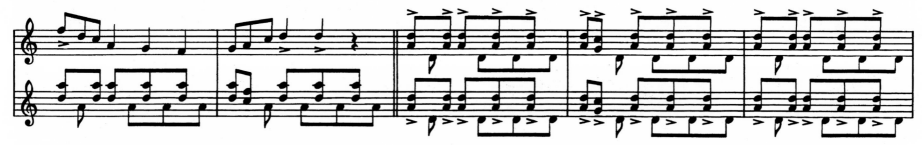

mi so la do re

18

Kanon

Vivace

(beide zusammen)

do = g (ohne c und f)

Calmo

20

la do re mi so

Semplice

mit Holzschlagel

22

Sopr.
Xyl.

Alt
Xyl.

Da Capo

so la do re mi

Allegro sempre martellato

Sopr.
Xyl.

23

Alt
Xyl.

22

do re mi so la

24

la do re mi so

Allegro

Sopr. Xyl.

25

Alt Xyl.

(auch mit Holzschlägel)

do re mi so la

Kanon

28

mi so la do re

Kanon
Andante

29

la do re mi so

Kanon
Allegretto

Fine

30

D. C. al Fine

Schott Music, Mainz 41 502